Lignes & Couleurs
Cocktailmaster

A toi Gabriel,
Maman & Papa

Lines & Color's
LC Cocktailmaster®

Textes & Création cocktails :
Brigitte KITTEL

Photographies :
Mariusz MARCIN
www.mariusz-marcin.com

Conception graphique :
iVi Media
www.ivi-media.com

Edition & Copyright :
LC Cocktailmaster © 2012
9, place de la Cathédrale
67000 STRASBOURG - France
www.lc-cocktailmaster.com
lelivre@lc-cocktailmaster.com

Partenaire :
Cocktailmaster ® France
www.cocktailmaster.fr

ISBN : 2-9531271-4-0

Dépôt légal 1er semestre 2012
2ème édition

Impression :
Kehler Druck - Allemagne

Lignes & Couleurs
Cocktailmaster

Je dédie ce livre à tous les barmans et aux hommes qui m'ont donné l'envie de ce beau métier, Messieurs René COURJOUX et Pierre Yves LEGEAY Barman de France, sans oublier mon professeur Michel CAIHOL - Ecole hôtelière de Strasbourg - France.

Brigitte KITTEL

sommaire

préface

Jean Cocteau se plaisait à dire qu'il aurait aimé être barman s'il n'avait été… académicien français !

Lignes & Couleurs sont conjuguées dans cet ouvrage pour vous faire découvrir d'une autre façon le monde des cocktails. Pour ma part, j'ai posé mon shaker, mon verre à mélange et ma cuillère, outils indispensables au barman pour vous présenter cet objet étonnant qu'est le Cocktailmaster.

C'est Armand Basch, propriétaire depuis 1971 du restaurant « Aux 3 fleurs » à Oberhoffen sur Moder en Alsace, qui est l'inventeur et le concepteur du Cocktailmaster. Quel événement va pousser un simple restaurateur à créer cet objet qui va révolutionner la vie des barmans ?

Le voici : le 10 novembre 1988 durant le service du soir « Aux 3 Fleurs » Armand Basch doit faire face à une commande simultanée de plusieurs Irish Coffee. Cette boisson demande un peu de temps pour être correctement préparée : elle nécessite beaucoup de délicatesse et comporte durant sa réalisation une certaine complexité. Il faut chauffer le whisky avec du sucre dans le verre, puis progressivement déposer à l'aide du dos d'une cuillère à mélange un café expresso sur l'alcool et finir par la crème fraîche fouettée. Ces 3 liquides ne doivent pas se mélanger. Si la technique n'est pas maîtrisée, l'Irish Coffee peut rater.

L'exercice pour le moins périlleux ce soir-là, mais heureusement réussi, conduit Armand Basch à s'interroger sur un moyen plus simple et efficace pour préparer ce type de boissons.
Tout d'abord il réfléchit aux lois des densités entre les différentes boissons alcoolisées ou non. Ensuite il lui vient l'idée de remplacer l'utilisation de la cuillère. En effet les connaisseurs l'utilisent pour séparer les liquides contenus dans un même verre.

Enfin, il dessine quelques croquis procède à des tests et crée le premier prototype. Après des essais pour déceler des failles, choisir les matériaux appropriés et soigner quelques détails, Armand Bach dépose le brevet d'invention du Cocktailmaster et lance sa fabrication et commercialisation.

Depuis, il amuse, compare et crée des cocktails de toute sorte, tout en faisant découvrir à ses clients les lois des densités devenues ainsi presque enfantines. Les plus jeunes quand à eux peuvent apprendre les lois des densités des différents liquides tout en s'amusant et Cocktailmaster se transforme alors en outil pédagogique.

Aujourd'hui Cocktailmaster continue à surprendre. Il reste un outil indispensable pour réaliser des cocktails, devient l'allié de tout barman, mais aussi de chacun d'entre nous souhaitant préparer une boisson surprenante et savoureuse. Et c'est bien là, le sujet de Lignes & Couleurs : allier le plaisir des yeux au plaisir de la bouche à travers des recettes classiques et des créations originales et tout ceci sans peine grâce au Cocktailmaster !

Un monde de saveurs, de parfums et de couleurs s'ouvre à vous. Aujourd'hui, c'est vous le barman !

la petite histoire du mot cocktail

Plusieurs théories, toutes plus ou moins plausibles, sont en lice pour expliquer l'origine du mot « cocktail ». Il désignait jadis, en Angleterre, un cheval issu de races mélangées, dont on avait coupé les muscles abaisseurs de la queue afin qu'elle se redresse, comme une queue de coq (cock's tail).

Certains disent que la coutume voulait que l'on plaçât une plume (sans doute une plume de coq) dans une boisson pour servir de décoration et pour indiquer la présence d'alcool. Il est dit aussi que le mot anglais serait une déformation du mot français « coquetier », qui aurait été utilisé comme récipient pour servir les cocktails à La Nouvelle-Orléans au début du XIXe siècle.
Certains situent l'origine du mot au Mexique: Coctel était le nom d'une princesse dont le père fabriquait des mélanges mystérieux.

Boris Vian a proposé l'orthographe «coquetèle». Selon une autre légende, la fille d'un cabaretier américain qui, ayant perdu son coq à la queue si colorée, offrit un breuvage à l'homme qui le retrouva et baptisa cette boisson « cocktail » (Queue de coq).

Certains philologues farfelus vont jusqu'à imaginer dans ce mot, l'altération de «Xochitl», nom d'une prétendue princesse aztèque, créatrice de fabuleux breuvages.

Enfin, les derniers placent l'origine du mot dans un contexte de charme et de séduction. En effet par tradition un cocktail ne se boit qu'à la paille et est réservé à la gent féminine, donnant un spectacle laissant ainsi l'imagination des hommes à tous les fantasmes.

Irish Coffee

comment préparer vos cocktails

En respectant ces quelques principes, vos cocktails seront inratables.

- Pour la bonne réussite de votre cocktail, il est impératif de respecter l'ordre chronologique des étapes de la recette.

- Veillez à ce que le flotteur soit propre et exempt de graisses.

- Lorsqu'un ou plusieurs mélanges sont expliqués avant la réalisation du cocktail, utilisez un verre différent de celui contenant le cocktail final pour chaque mélange cité.

- Lorsque vous préparez un mélange, pensez à bien le remuer à l'aide d'une cuillère pour le rendre homogène.

- Votre cocktail peut être contenu dans le verre de votre choix pour la réalisation de la recette.

- Versez le premier liquide dans ce verre. Vous pouvez éventuellement ajouter un glaçon à ce premier liquide pour le rafraîchir.

- Pour un bon fonctionnement du Cocktailmaster, mouillez le flotteur avant de l'utiliser.

- Posez le Cocktailmaster sur le verre, de telle façon que la boule flotte librement sur le premier liquide.

- A l'aide du Cocktailmaster, versez les différents liquides et/ou mélanges, l'un après l'autre dans le verre. Vérifiez bien que chaque liquide et/ou mélange soit écoulé avant d'en verser un autre.

Vous trouverez d'autres astuces concernant Cocktailmaster p215.

lescocktails

VODKA

WHISKY

sans**alcool**

lesalcools

désir**noir**

composition

2 cl Liqueur de cacao brun
3 cl Liqueur d'orange
2 cl Armagnac
2 cl Crème fraîche liquide

préparation

Fouettez 2 cl de crème fraîche liquide dans un récipient.

réalisation

Verser la liqueur de cacao brun dans le verre. A l'aide du Cocktailmaster verser la liqueur d'orange, ensuite l'Armagnac et terminer par la crème fraîche fouettée.

suggestion de présentation

Sans décoration.

americano *classic*

composition

2 cl Vermouth italien
5 cl Bitter campari
5 cl Soda

réalisation

Dans un verre rempli de glace, verser le vermouth italien.
A l'aide du Cocktailmaster verser le bitter campari et terminer par le soda.

suggestion de présentation

Demi tranche de citron, demi tranche d'orange.

garibladi *classic*

composition

4 cl Bitter campari
12 cl Jus d'orange

réalisation

Verser le bitter campari dans le verre.
A l'aide du Cocktailmaster verser le jus d'orange.

suggestion de présentation

Demi tranche d'orange, décoration fantaisie.

monsieurm

composition

3 cl Sirop de châtaigne
2 cl Liqueur de curaçao rubis
4 cl Bourbon

réalisation

Verser le sirop de châtaigne dans le verre.
A l'aide du Cocktailmaster verser la liqueur de curaçao rubis et terminer par le bourbon.

suggestion de présentation

Bâton de cannelle, feuille verte.

virginie

composition

10 cl Jus de raisin
2 cl Liqueur de triple sec
1 Trait de liqueur de banane verte
4 cl Cachaça

préparation

Mélange 1 : 1 trait de liqueur de banane verte avec
4 cl de cachaça.

réalisation

Verser le jus de raisin dans le verre.
A l'aide du Cocktailmaster verser la liqueur de triple sec et terminer par le mélange 1.

suggestion de présentation

Grappe de raisin vert, tige verte.

folie

composition

2 cl Crème de myrtille
4 cl Jus de citron vert
3 cl Cognac

réalisation

Verser la crème de myrtille dans le verre.
A l'aide du Cocktailmaster verser le jus de citron vert et terminer par le cognac.

suggestion de présentation

Tranche de citron, grappe de groseille.

délice

composition

4 cl Liqueur de noisette
1 cl Liqueur de café
2 cl Cognac

réalisation

Verser la liqueur de noisette dans le verre.
A l'aide du Cocktailmaster verser la liqueur de café et terminer par le cognac.

suggestion de présentation

Feuilles de menthe.

dame

composition

3 cl Sirop de rose
3 cl Liqueur de cacao blanc
3 cl Cognac

réalisation

Verser le sirop de rose dans le verre.
A l'aide du Cocktailmaster verser la liqueur de cacao blanc et terminer par le cognac.

suggestion de présentation

Pétales de rose.

practice

composition

3 cl Liqueur de menthe verte
3 cl Jus de citron vert
3 cl Gin

réalisation

Verser la liqueur de menthe verte dans le verre. A l'aide du Cocktailmaster verser le jus de citron vert et terminer par le gin.

suggestion de présentation

Demi tranche de citron, feuilles de menthe.

parfum

composition

2 cl Sirop de rose
7 cl Jus de pamplemousse
2 cl Liqueur de curaçao rubis
3 cl Gin

préparation

Mélange 1 : 1 cl de liqueur de curaçao rubis avec 4 cl de jus de pamplemousse.

Mélange 2 : 1 cl de liqueur de curaçao rubis avec 3 cl de gin.

réalisation

Verser le sirop de rose dans le verre.
A l'aide du Cocktailmaster verser 3 cl de jus de pamplemousse, ensuite le mélange 1 et terminer par le mélange 2.

suggestion de présentation

Fleurs de rose, feuilles vertes.

panam

composition

3 cl Liqueur de fraise des bois
2 cl Liqueur de triple sec
1 Trait de curaçao bleu
2 cl Gin

préparation

Mélange 1 : 1 trait de curaçao bleu avec
2 cl de gin.

réalisation

Verser la liqueur de fraise des bois dans le verre. A l'aide du Cocktailmaster verser la liqueur de triple sec et terminer par le mélange 1.

suggestion de présentation

Pétales de rose.

jabu

composition

1 cl Sirop d'ananas
1 Trait de sirop d'orange
2 cl Jus d'orange
3 cl Liqueur de fruit de la passion
3 cl Gin

préparation

Mélange 1 : 1 trait de sirop d'orange avec
3 cl de gin.

réalisation

Verser le sirop d'ananas dans le verre.
A l'aide du Cocktailmaster verser la liqueur de fruit de la passion, ensuite le jus d'orange et terminer par le mélange 1.

suggestion de présentation

Tranche de fruit de la passion, feuilles d'ananas.

ligne4

composition

2 cl Sirop de pastèque
5 cl Jus d'ananas
5 cl Nectar de banane
1 Trait de sirop de menthe
3 cl Gin
3 Tranches de citron

préparation

Mélange 1 : 1 trait de sirop de menthe avec
3 cl de gin.

réalisation

Dans le verre, poser les tranches de citron.
Verser le sirop de pastèque dans le verre.
A l'aide du Cocktailmaster verser le jus d'ananas, ensuite le nectar de banane et terminer par le mélange 1.

suggestion de présentation

Branche de feuilles de menthe.

ewelro

composition

2 cl Sirop de grenadine
2 Traits de sirop de grenadine
12 cl Jus d'ananas
2 cl Liqueur de poire
4 cl Gin

préparation

Mélange 1 : 1 trait de sirop de grenadine avec 6 cl de jus d'ananas.

Mélange 2 : 2 cl de liqueur de poire avec 6 cl de jus d'ananas.

Mélange 3 : 1 trait de sirop de grenadine avec 4 cl de gin.

réalisation

Verser le sirop de grenadine dans le verre.
A l'aide du Cocktailmaster verser le mélange 1, ensuite le mélange 2 et terminer par le mélange 3.

suggestion de présentation

Cerises au sucre et feuille verte piquées sur ombrelle fantaisie, tranche d'orange.

china'**see**

composition

1 cl Sirop de sucre de canne
1 cl Liqueur de curaçao bleu
4 cl Gin

réalisation

Verser le sirop de sucre de canne dans le verre. A l'aide du Cocktailmaster verser la liqueur de curaçao bleu et terminer par verser le gin.

suggestion de présentation

Sans décoration.

negroni *classic*

composition

2 cl Vermouth italien
2 cl Bitter campari
3 cl Gin

réalisation

Dans un verre rempli de glace verser le vermouth italien dans le verre.
A l'aide du Cocktailmaster verser le Bitter Campari et terminer par le gin.

suggestion de présentation

Demi tranche d'orange.

taïga

composition

1 cl Sirop de menthe verte
2 cl Liqueur de cacao blanc
4 cl Liqueur de menthe verte
2 cl Crème fraîche liquide

préparation

Fouetter 2 cl de crème fraîche liquide dans un récipient.

réalisation

Verser le sirop de menthe dans le verre.
A l'aide du Cocktailmaster verser la liqueur de cacao blanc, la liqueur de menthe verte et terminer par la crème fraîche fouettée.

suggestion de présentation

Sans décoration.

sundust

composition

2 cl Sirop de mandarine
3 cl Jus de maracuja
3 cl Jus d'orange
2 cl Liqueur de curaçao rubis

préparation

Mélange 1 : 1 cl de curaçao rubis avec
3 cl de jus d'orange.

réalisation

Verser le sirop de mandarine dans le verre.
A l'aide du Cocktailmaster verser le jus de maracuja, ensuite le mélange 1 et terminer par la liqueur de curaçao rubis.

suggestion de présentation

Tranches de carambole, feuilles vertes.

simonek

composition

1 cl Sirop de grenadine
2 cl Jus de citron vert
2 cl Jus de pamplemousse
2 cl Liqueur d'amaretto

réalisation

Verser le sirop de grenadine dans le verre.
A l'aide du Cocktailmaster verser le jus de citron vert, ensuite le jus de pamplemousse et terminer par la liqueur d'amaretto.

suggestion de présentation

Sans décoration.

club94

composition

2 cl Sirop de gomme
1 Trait de sirop de pistache
2 cl Liqueur de fraise des bois
4 cl Limonade

préparation

Mélange 1 : 1 cl de sirop de gomme avec
1 trait de sirop de pistache.

réalisation

Verser 1 cl de sirop de gomme dans le verre.
A l'aide du Cocktailmaster verser le mélange 1, ensuite la liqueur de fraise des bois et terminer par la limonade.

suggestion de présentation

Demi tranche de pomme.

secret

composition

2 cl	Sirop d'anis
1	Trait de liqueur de curaçao bleu
2 cl	Liqueur de triple sec
3 cl	Jus de pamplemousse
6 cl	Tonic

préparation

Mélange 1 : 1 trait de liqueur de curaçao bleu avec
2 cl de liqueur de triple sec.

réalisation

Dans un verre rempli de glace verser le sirop d'anis dans le verre.
A l'aide du Cocktailmaster verser le mélange 1, ensuite le jus de pamplemousse et terminer par le tonic.

suggestion de présentation

Branche de menthe.

danuta

composition

3 cl Liqueur de cacao brun
2 cl Liqueur de menthe blanche
2 cl Liqueur de triple sec
1 Trait de liqueur de menthe verte
2 cl Crème fraîche liquide

préparation

Fouettez 2 cl de crème fraîche liquide dans un récipient.

Mélange 1: 1 trait de liqueur de menthe verte avec 2 cl de liqueur de triple sec.

réalisation

Verser la liqueur de cacao brun dans le verre. A l'aide du Cocktailmaster verser la liqueur de menthe blanche, ensuite le mélange 1 et terminer par la crème fraîche fouettée.

suggestion de présentation

Sans décoration.

limited

composition

2 cl Liqueur de cacao blanc
3 cl Liqueur de cherry brandy

réalisation

Verser la liqueur de cacao blanc dans le verre. A l'aide du Cocktailmaster verser la liqueur de cherry brandy.

suggestion de présentation

Cerise fraîche.

chéri

composition

1 Cerise au sucre
1 Pique bois
2 cl Liqueur de cacao blanc
3 cl Liqueur de fraise des bois
1 cl Eau de vie de Kirsch

réalisation

Mettre la cerise sur un pique bois et la placer au fond du verre.
Verser la liqueur de cacao blanc dans le verre.
A l'aide du Cocktailmaster verser la liqueur de fraise des bois et terminer par l'eau de vie de kirsch.

suggestion de présentation

Sans décoration.

corsaire

composition

2 cl Sirop de poire
1 Trait de liqueur de curaçao vert
2 cl Liqueur de poire William's
2 cl Liqueur d'abricot
2 cl Liqueur de Curaçao vert
1 Trait de vodka

préparation

Mélange 1 : 1 trait de liqueur de curaçao vert avec 2 cl de liqueur de poire William's.

Mélange 2 : 1 trait de vodka avec 2 cl de liqueur de curaçao vert.

réalisation

Verser le sirop de poire dans le verre.
A l'aide du Cocktailmaster verser le mélange 1, ensuite la liqueur d'abricot et terminer par le mélange 2.

suggestion de présentation

Physalis en fleur piqué sur un quartier de poire.

tampico *classic*

composition

3 cl Bitter campari
2 cl Liqueur de triple sec
2 cl Jus de citron
5 cl Tonic

réalisation

Dans un verre rempli de glace, verser le bitter campari.
A l'aide du Cocktailmaster verser le jus de citron, ensuite la liqueur de triple sec et terminer par le tonic.

suggestion de présentation

Zeste de citron.

b'52 *classic*

composition

2 cl Liqueur de café
2 cl Liqueur de Bailey's
1 cl Liqueur de Grand Marnier

réalisation

Verser la liqueur de café dans votre verre.
A l'aide du Cocktailmaster verser la liqueur de Bailey's et terminer par la liqueur de Grand Marnier.

suggestion de présentation

Flamber avant la dégustation, boire à l'aide d'une paille.

sevenmiles

composition

1 cl Sirop de goyave
2 Traits de sirop de goyave
8 cl Jus d'orange
3 cl Rhum blanc

préparation

Mélange 1 : 1 trait de sirop de goyave avec 4 cl de jus d'orange.

Mélange 2 : 1 trait de sirop de goyave avec 3 cl de rhum blanc.

réalisation

Verser 1 cl de sirop de goyave dans le verre.
A l'aide du Cocktailmaster verser le mélange 1, ensuite le jus d'orange et terminer par le mélange 2.

suggestion de présentation

Physalis en fleur.

peppina

composition

2 cl	Sirop de kiwi
3 cl	Jus de citron vert
1 cl	Liqueur de curaçao rubis
6 cl	Limonade
1	Trait de liqueur de curaçao rubis
4 cl	Rhum blanc

préparation

Mélange 1 : 1 cl de liqueur de curaçao rubis avec 6 cl de limonade.

Mélange 2 : 1 trait de liqueur de curaçao rubis avec 2 cl de rhum blanc.

réalisation

Verser le sirop de kiwi dans le verre.
A l'aide du Cocktailmaster verser le jus de citron vert, le mélange 1, ensuite le mélange 2 et terminer par 2 cl de rhum blanc.

suggestion de présentation

Tranche de kiwi, feuilles vertes.

parquito

composition

2 cl Sirop de de melon
3 cl Jus de citron vert
1 Trait de curaçao bleu
1 cl Liqueur de triple sec
1 Trait de liqueur de melon
2 cl Rhum blanc

préparation

Mélange 1 : 1 trait de curaçao bleu avec
1 cl liqueur de triple sec.

Mélanger 2 : 1 trait de liqueur de melon avec
2 cl de rhum blanc.

réalisation

Verser le sirop de melon dans le verre.
A l'aide du Cocktailmaster verser le jus de citron vert ensuite le mélange 1 et terminer par le mélange 2.

suggestion de présentation

Physalis en fleur.

eltirano

composition

2 cl Sirop de watermelon
3 cl Jus de citron vert
1 Trait de liqueur de curaçao bleu
1 cl Liqueur de triple sec
1 Trait de liqueur de curaçao rubis
2 cl Rhum blanc

préparation

Mélange 1 : 1 trait de liqueur de curaçao bleu avec 1 cl de liqueur de triple sec.

Mélange 2 : 1 trait de liqueur de curaçao rubis avec 2 cl rhum blanc.

réalisation

Verser le sirop de watermelon dans le verre.
A l'aide du Cocktailmaster verser le jus de citron vert ensuite le mélange 1 et terminer par le mélange 2.

suggestion de présentation

Physalis en fleur.

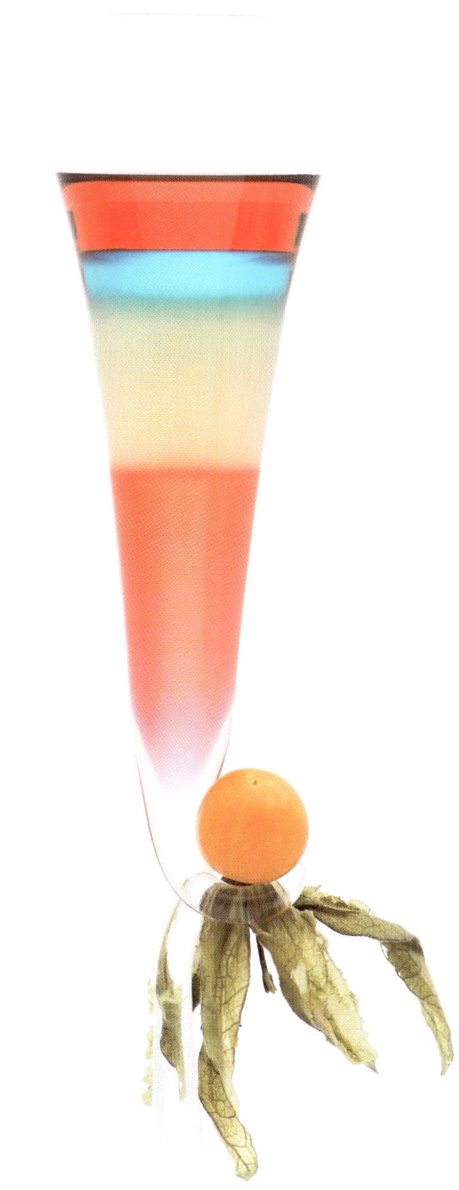

corum

Création de Michel CAIHOL, prof. Ecole Hôtelière, France.

composition

2 Traits de liqueur de curaçao bleu
5 cl Jus d'ananas
3 cl Liqueur de banane
1 cl Liqueur de cacao blanc
3 cl Rhum blanc

préparation

Mélange 1 : 1 trait de liqueur de curaçao bleu avec 1 cl de liqueur de cacao blanc.

Mélange 2 : 1 trait de liqueur de curaçao bleu avec 3 cl de rhum blanc.

réalisation

Verser dans le verre le mélange 1.
A l'aide du Cocktailmaster verser le jus d'ananas, ensuite la liqueur de banane et terminer par le mélange 2.

suggestion de présentation

2 cerises au sucre, une rondelle de banane sur un pique bois.

caribe

composition

2 cl Sirop de banane verte
3 cl Jus de citron vert
1 Trait de liqueur de curaçao bleu
1 cl Liqueur de triple sec
1 Trait de liqueur de menthe verte
2 cl Rhum blanc

préparation

Mélange 1 : 1 trait de liqueur de curaçao bleu avec
1 cl de liqueur de triple sec.

Mélange 2 : 1 trait de liqueur de menthe verte avec
2 cl de rhum blanc.

réalisation

Verser le sirop de banane verte dans le verre.
A l'aide du Cocktailmaster verser le jus de citron vert ensuite le mélange 1 et terminer par le mélange 2.

suggestion de présentation

Physalis en fleur.

19ème**trou**

composition

1 cl Sirop de sucre de canne
2 cl Liqueur de coco
10 cl Nectar de banane
3 cl Liqueur de banane verte
1 cl Rhum blanc
4 cl Rhum brun

préparation

Mélange 1 : 1 cl de sirop de sucre de canne avec
2 cl de liqueur de coco.

Mélange 2 : 3 cl de liqueur de banane verte avec
1 cl de rhum blanc.

réalisation

Verser le mélange 1 dans le verre.
A l'aide du Cocktailmaster verser le nectar de banane ensuite le mélange 2 et terminer par le rhum brun.

suggestion de présentation

Brochette composé de rondelles de banane et de cerises au sucre.

moralu

composition

2 cl Sirop de miel
3 cl Jus de citron vert
4 cl Rhum brun

réalisation

Dans un verre rempli de glace poser la cerise au sucre.
Verser le sirop de miel dans le verre.
A l'aide du Cocktailmaster verser le jus de citron vert et terminer par le rhum brun.

suggestion de présentation

Cerise au sucre.

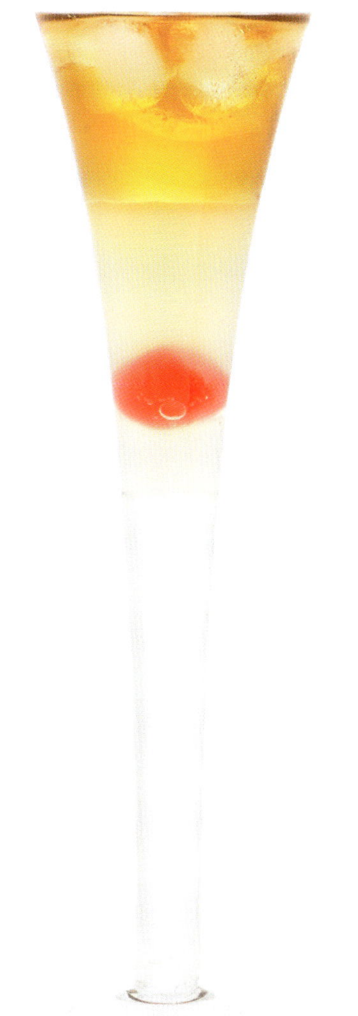

majestic

composition

2 cl Sirop de cannelle
4 cl Jus d'orange
3 cl Rhum brun

réalisation

Verser le sirop de cannelle dans le verre.
A l'aide du Cocktailmaster verser le jus d'orange et terminer par le rhum brun.

suggestion de présentation

Quart de tranche d'orange, zeste d'orange et bâton de cannelle.

butch

composition

3 cl Sirop de miel
6 cl Chocolat chaud
3 cl Rhum brun
2 cl Crème fraîche liquide

préparation

Fouettez 2 cl de crème fraîche dans un récipient.

réalisation

Verser le sirop de miel dans le verre.
A l'aide du Cocktailmaster verser le chocolat chaud, ensuite le rhum brun et terminer par la crème fouettée.

suggestion de présentation

Verre à thé ou grog.

babel

composition

8 cl Jus de maracuja
6 cl Jus d'ananas
1 Trait de liqueur de curaçao bleu
4 cl Tequila

préparation

Mélange 1 : 1 trait de liqueur de curaçao bleu avec 6 cl jus d'ananas.

réalisation

Verser le jus de maracuja dans le verre.
A l'aide du Cocktailmaster verser le mélange 1 et terminer par la tequila.

suggestion de présentation

Quart de tranche de citron et palmier fantaisie.

eiskeller

Beats & Performance - Aschau am Chiemsee - Allemagne.

composition

1 Trait de sirop de curaçao bleu
2 cl Liqueur de pomme
3 cl Tequila

préparation

Mélange 1 : 1 trait de sirop de curaçao bleu avec
2 cl de liqueur de pomme.

réalisation

Verser le mélange 1 dans le verre.
A l'aide du Cocktailmaster verser la tequila.

suggestion de présentation

Sans décoration.

cayman

composition

1 cl Sirop bleu
6 cl Jus de maracuja
2 cl Liqueur de curaçao bleu
4 cl Tequila

préparation

Mélange 1 : 2 cl de liqueur de curaçao bleu avec 2 cl de tequila.

réalisation

Verser le sirop bleu dans le verre.
A l'aide du Cocktailmaster verser le jus de maracuja, ensuite le mélange 1 et terminer par 2 cl de tequila.

suggestion de présentation

Tranche de carambole.

tequila**sunrise** *classic*

composition

2 cl Sirop de grenadine
12 cl Jus d'orange
1 Trait de sirop de grenadine
4 cl Tequila

préparation

Mélange 1 : 1 trait de sirop de grenadine avec
2 cl de tequila.

réalisation

Verser le sirop de grenadine dans le verre.
A l'aide du Cocktailmaster verser le jus d'orange, ensuite le mélange 1 et terminer par 2 cl de tequila.

suggestion de présentation

Quart de tranche d'orange, décoration fantaisie.

victor

composition

2 cl Liqueur de caramel
3 cl Vodka

réalisation

Verser la liqueur de caramel dans le verre.
A l'aide du Cocktailmaster verser la vodka.

suggestion de présentation

Sans décoration.

thembi

composition

2 cl Sirop de gomme
3 cl Liqueur de kiwi
2 cl Liqueur d'ananas
3 cl Vodka
1 Kiwi frais

préparation

Couper le kiwi en 2, avec une cuillère à boule préparer 3 boules.

Mélange 1 : 2 cl de liqueur d'ananas avec
3 cl de vodka.

réalisation

Dans le verre poser les 3 boules de kiwi.
Verser le sirop de gomme dans le verre.
A l'aide du Cocktailmaster verser la liqueur de kiwi et terminer par le mélange 1.

suggestion de présentation

Tranche de kiwi.

sweety

composition

1 cl Sirop d'orange
2 cl Nectar de goyave
2 cl Vodka

réalisation

Verser le sirop d'orange dans le verre.
A l'aide du Cocktailmaster verser le nectar de goyave et terminer par la vodka.

suggestion de présentation

Feuille verte, pince fantaisie.

passion

composition

3 cl Liqueur de fruit de la passion
2 cl Vodka
1 Fruit de la passion frais

préparation

Couper le haut du fruit de la passion.

réalisation

Dans un verre poser le fruit de la passion.
A l'aide du Cocktailmaster verser la liqueur de fruit de la passion et terminer par la vodka.

suggestion de présentation

Cuillère à café dans le fruit de la passion.

musica

composition

3 cl Crème de fraise des bois
2 cl Vodka
8 Framboises gelées

réalisation

Dans le verre, poser les framboises fraîches.
Verser la crème de fraise des bois dans le verre.
A l'aide du Cocktailmaster verser la vodka.

suggestion de présentation

Feuilles de menthe, cuillère fantaisie.

lucky

composition

1 cl Sirop de pistache
2 cl Nectar de banane
2 cl Vodka

réalisation

Verser le sirop de pistache dans le verre.
A l'aide du Cocktailmaster verser le nectar de banane et terminer par la vodka.

suggestion de présentation

Feuille verte, pince fantaisie.

irruption

composition

1	Trait de sirop bleu
1	Trait de sirop de grenadine
2 cl	Jus de citron vert
6 cl	Jus d'ananas
1 cl	Liqueur d'Amaretto
3 cl	Vodka

préparation

Mélange 1 : 1 trait de sirop de grenadine avec 3 cl de vodka et 1 cl de liqueur d'Amaretto.

réalisation

Verser le sirop bleu dans le verre.
A l'aide du Cocktailmaster verser le jus de citron vert, le jus d'ananas et terminer par le mélange 1.

suggestion de présentation

Verre design, glace pilée, sirop de couleur.

frénésie

composition

1 cl Sirop de gingembre
3 cl Jus de citron vert
2 cl Liqueur de cherry brandy
1 Trait de liqueur de curaçao rubis
3 cl Vodka

préparation

Mélange 1 : 1 trait de liqueur de curaçao rubis avec 1 cl de vodka.

réalisation

Verser le sirop de gingembre dans le verre.
A l'aide du Cocktailmaster verser la liqueur de cherry brandy, le jus de citron vert, ensuite le mélange 1 et terminer par la vodka.

suggestion de présentation

Cerise piquée sur une racine de gingembre.

expérience

composition

1 cl Sirop d'orange
1 Trait de sirop d'orange
2 cl Jus de citron vert
6 cl Nectar de goyave
1 Trait de liqueur de curaçao rouge
3 cl Liqueur de melon
2 cl Vodka

préparation

Mélange 1 : 1 trait de sirop d'orange avec 2 cl de jus de citron vert.

Mélange 2 : 1 trait de liqueur de curaçao rouge avec 6 cl de nectar de goyave.

Mélange 3 : 3 cl de liqueur de melon avec 2 cl de vodka.

réalisation

Verser le sirop d'orange dans le verre.
A l'aide du Cocktailmaster verser le mélange 1 ensuite le mélange 2 et terminer par le mélange 3.

suggestion de présentation

Feuilles vertes et boule de groseille.

clubhouse

composition

1 cl	Sirop bleu
12 cl	Jus d'orange
3 cl	Liqueur de fraise des bois
3 cl	Vodka
1	Trait de sirop de menthe verte

préparation

Mélange 1 : 3 cl de liqueur de fraise des bois avec 6 cl de jus d'orange.

Mélange 2 : 3 cl de vodka avec le trait de sirop de menthe verte.

réalisation

Verser le sirop bleu dans le verre.
A l'aide du Cocktailmaster verser le mélange 1, le jus d'orange et terminer par le mélange 2.

suggestion de présentation

Une fraise, zeste d'une orange, feuilles de menthe et un palmier fantaisie.

bloody

composition

1 cl Sirop bleu
2 cl Jus de tomate
2 cl Vodka

réalisation

Verser le sirop bleu dans le verre.
A l'aide du Cocktailmaster verser le jus de tomate et terminer par la vodka.

suggestion de présentation

Feuille verte, pince fantaisie.

bluenight val d'isere

Création de Pierre Yves LEGEAY, grand barman de France.

composition

1 cl Sirop d'orgeat
2 cl Jus de pamplemousse
1 cl Liqueur de coco
3 cl Vodka
2 Traits de liqueur de curaçao bleu

préparation

Mélange 1 : 1 trait de liqueur de curaçao bleu avec 1 cl de liqueur de coco.

Mélange 2 : 1 trait de liqueur de curaçao bleu avec 3 cl de vodka.

réalisation

Verser le sirop d'orgeat dans le verre.
A l'aide du Cocktailmaster verser le mélange 1, ensuite le jus de pamplemousse et terminer par le mélange 2.

suggestion de présentation

Sans décoration.

benson**cocktail**

composition

1 cl Sirop de grenadine
6 cl Jus de pêche
6 cl Jus d'orange
2 Traits de liqueur de curaçao rouge
3 cl Liqueur de melon
3 cl Vodka

préparation

Mélange 1 : 1 trait de liqueur de curaçao rouge avec 6 cl de jus d'orange et 3 cl de liqueur de melon.

Mélange 2 : 1 trait de curaçao rouge avec 3 cl de vodka.

réalisation

Verser le sirop de grenadine dans le verre.
A l'aide du Cocktailmaster verser le jus de pêche, ensuite le mélange 1 et terminer par le mélange 2.

suggestion de présentation

Tranche de citron, cerise au sucre et palmier fantaisie.

screwdriver *classic*

composition

12 cl Jus d'orange
1 Trait de liqueur de curaçao bleu
4 cl Vodka

préparation

Mélange 1 : 1 trait de liqueur de curaçao bleu avec
4 cl de vodka.

réalisation

Verser le jus d'orange dans le verre.
A l'aide du Cocktailmaster verser le mélange 1.

suggestion de présentation

Quartier d'orange, décoration fantaisie.

blackrussianclassic

composition

2 cl Liqueur de café
5 cl Vodka

réalisation

Dans un verre rempli de glace, verser la liqueur de café dans le verre.
A l'aide du Cocktailmaster verser la vodka.

suggestion de présentation

Sans décoration.

linea

composition

2 cl Sirop de pêche
8 cl Jus de cranberry
3 cl Liqueur de curaçao orange
3 cl Canadian whisky

réalisation

Verser le sirop de pêche dans le verre.
A l'aide du Cocktailmaster verser le jus de cranberry, ensuite la liqueur de curaçao orange et terminer par le Canadian whisky.

suggestion de présentation

Demi tranche d'orange, grappe de groseille et feuilles vertes.

hiram

composition

1 cl Sirop de menthe verte
3 cl Liqueur de menthe blanche
3 cl Canadian whisky

réalisation

Dans un verre rempli de glace, verser le sirop de menthe verte.
A l'aide du Cocktailmaster verser la liqueur de menthe blanche et terminer par le Canadian whisky.

suggestion de présentation

Branche de menthe verte.

demoiselle

composition

3 cl Sirop de jasmin
2 cl Liqueur de cacao brun
4 cl Canadian whisky

réalisation

Verser le sirop de jasmin dans le verre.
A l'aide du Cocktailmaster verser la liqueur de cacao brun et terminer par le Canadian whisky.

suggestion de présentation

Feuilles vertes.

6'thfloor

composition

2 cl Sirop de sucre de canne
1 Trait de sirop de grenadine
8 cl Jus d'ananas
6 cl Jus de fraise
2 cl Liqueur batida de coco
5 cl Canadian whisky

préparation

Mélange 1 : 1 trait de sirop de grenadine avec 2 cl de jus d'ananas.

Mélange 2 : 2 cl de liqueur batida de coco avec 2 cl de canadian whisky.

réalisation

Verser le sirop de sucre de canne dans votre verre. A l'aide du Cocktailmaster verser le mélange 1, puis 6 cl de jus d'ananas, le jus de fraise ensuite le mélange 2 et terminer par le canadian whisky.

suggestion de présentation

Cerises au sucre piquées sur pique-bois, zeste de citron, tiges vertes.

brasi

composition

2 cl Sirop de cannelle
10 cl Lait
4 cl Scotch whisky

réalisation

Verser le sirop de cannelle.
A l'aide du Cocktailmaster verser le lait et terminer par le Scotch whisky.

suggestion de présentation

Sans décoration.

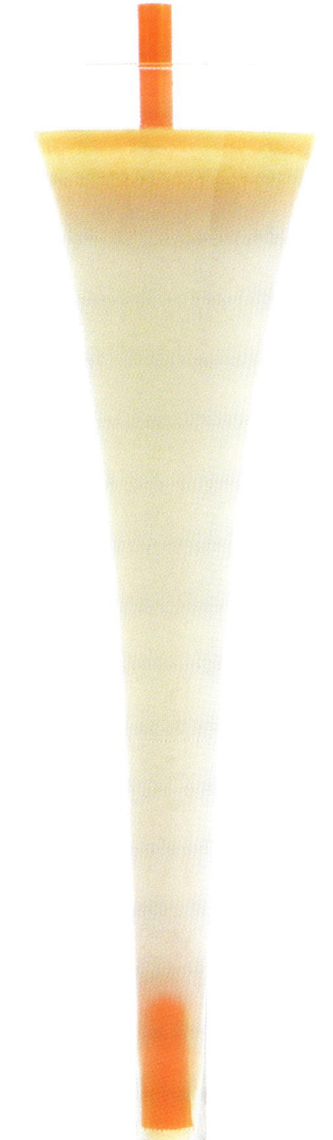

swing

composition

2 cl Sirop d'orange
1 Trait de sirop grenadine
2 cl Jus de citron vert
6 cl Limonade
3 cl Scotch whisky

préparation

Mélange 1 : 1 trait de sirop de grenadine avec
2 cl jus de citron vert.

réalisation

Verser le sirop d'orange dans le verre.
A l'aide du Cocktailmaster verser le mélange 1, ensuite la limonade et terminer par le Scotch whisky.

suggestion de présentation

Demi tranche d'orange, feuille de menthe.

mada

composition

2 cl Sirop de café
10 cl Lait
4 cl Scotch whisky

réalisation

Verser le sirop de café dans le verre.
A l'aide du Cocktailmaster verser le lait et terminer par le Scotch whisky.

suggestion de présentation

Sans décoration.

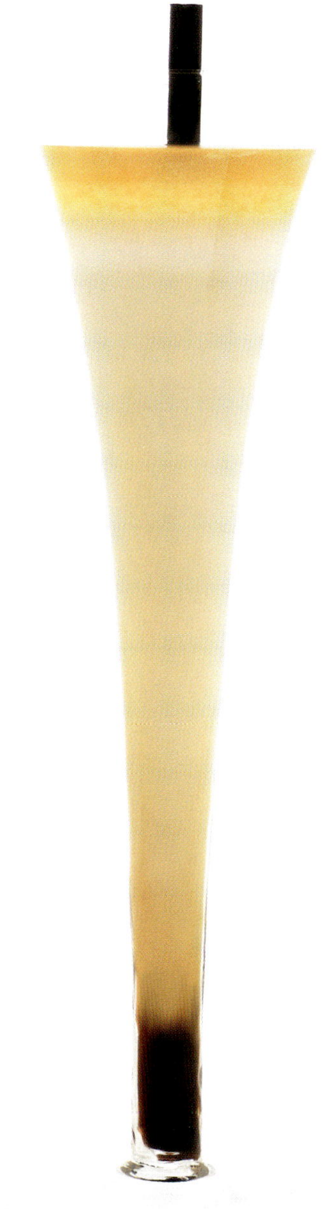

harmony

composition

2 cl	Sirop de cassis
8 cl	Limonade
4 cl	Scotch whisky
8	Framboises gelées

réalisation

Verser le sirop de cassis dans le verre.
A l’aide du Cocktailmaster verser la limonade.
A l’aide d’une cuillère déposer les framboises gelées dans le verre.
A l’aide du Cocktailmaster verser le Scotch whisky.

suggestion de présentation

Framboises piquées, branche de feuilles de menthe.

costa

composition

2 cl Sirop d'amaretto
10 cl Lait
4 cl Scotch whisky

réalisation

Verser le sirop d'amaretto dans le verre.
A l'aide du Cocktailmaster verser le lait et terminer par le scotch whisky.

suggestion de présentation

Sans décoration.

cozumel

composition

1 cl Sirop de pomme verte
3 cl Nectar de banane
3 cl Jus d'orange
2 cl Scotch whisky

réalisation

Verser le sirop de pomme verte dans le verre.
A l'aide du Cocktailmaster verser le nectar de banane, ensuite le jus d'orange et terminer par le scotch whisky.

suggestion de présentation

Pelure de pomme verte, zeste d'orange.

air

composition

2 cl	Sirop de framboise
1	Trait de sirop de grenadine
10 cl	Lait
4 cl	Scotch whisky

préparation

Mélange 1 : 1 trait de sirop de grenadine avec
5 cl de lait.

réalisation

Verser le sirop de framboise dans le verre.
A l'aide du Cocktailmaster verser le mélange 1, ensuite 5 cl de lait et terminer par le scotch whisky.

suggestion de présentation

Groseilles, tranches de caramboles piquées sur brochette.

irish**coffee**

composition

2 cl Sirop de sucre de canne
4 cl Irish whisky
6 cl Café chaud
4 cl Crème liquide

préparation

Fouettez 4 cl de crème fraîche liquide dans un récipient.

Mélange 1 : 2 cl de sirop de canne avec 4 cl d'Irish whisky, chauffer ce mélange.

réalisation

Verser le mélange 1 dans le verre.
A l'aide du Cocktailmaster verser le café chaud et terminer par la crème fouettée.

suggestion de présentation

Poudre de café, verre à irish coffee.

leysin

composition

2 cl Sirop de pain d'épices
8 cl Café chaud
4 cl Canadian whisky

réalisation

Verser le sirop de pain d'épices dans le verre.
A l'aide du Cocktailmaster verser le café chaud et terminer par le Canadian whisky.

suggestion de présentation

Verre à thé ou grog.

les**sans** alcools

alexandre

composition

2 cl Sirop de pistache
8 cl Lait
6 cl Jus d'orange

réalisation

Verser le sirop de pistache dans le verre.
A l'aide du Cocktailmaster verser le lait
et terminer par le jus d'orange.

suggestion de présentation

Grappe de raisin verte.

soolilo

composition

1cl Sirop bleu
1 Trait de sirop bleu
2 cl Jus de citron vert
6 cl Jus d'ananas
8 cl Jus d'orange

préparation

Mélange 1 : 1 trait de sirop bleu avec
6 cl de jus d'ananas.

réalisation

Verser le sirop bleu dans le verre.
A l'aide du Cocktailmaster verser le jus de citron vert, le mélange 1 et terminer par le jus d'orange.

suggestion de présentation

Quartier d'ananas, zeste d'orange.

point?

composition

1 cl Sirop de menthe
8 cl Nectar de banane
7 cl Jus d'orange

réalisation

Verser le sirop de menthe dans le verre.
A l'aide du Cocktailmaster verser le nectar de banane et terminer par le jus d'orange.

suggestion de présentation

Sans décoration.

garibalda

composition

3 cl Sirop de bitter
9 cl Jus d'orange

réalisation

Verser le sirop de bitter dans le verre.
A l'aide du Cocktailmaster verser le jus d'orange.

suggestion de présentation

Cerises au sucre sur un pique bois, zeste d'orange.

Iomira

composition

2 cl Sirop de mirabelle
4 cl Lait
4 cl Jus d'orange

réalisation

Verser le sirop de mirabelle dans le verre.
A l'aide du Cocktailmaster verser le lait
et terminer par le jus d'orange.

suggestion de présentation

Sans décoration.

jonah

composition

2 cl Sirop de chocolat
5 cl Lait
5 cl Jus d'orange

réalisation

Verser le sirop de chocolat dans le verre.
A l'aide du Cocktailmaster verser le lait et terminer par le jus d'orange.

suggestion de présentation

Sans décoration.

florida *classic*

composition

2 cl Sirop de grenadine
6 cl Jus de citron vert
8 cl Jus d'orange

réalisation

Dans un verre rempli de glace, verser le sirop de grenadine.
A l'aide du Cocktailmaster verser le jus de citron vert et terminer par le jus d'orange.

suggestion de présentation

Demi tranche de citron, noeud de zeste d'orange.

miss coco

composition

2 cl Sirop de noix de coco
4 cl Nectar de goyave
4 cl Jus d'ananas

réalisation

Verser le sirop de noix de coco dans le verre. A l'aide du Cocktailmaster verser le nectar de goyave et terminer par le jus d'ananas.

suggestion de présentation

Sans décoration.

travel**pass**

composition

2 cl Sirop d'abricot
8 cl Nectar de banane
6 cl Jus d'ananas

réalisation

Verser le sirop d'abricot dans le verre.
A l'aide du Cocktailmaster verser le nectar de banane et terminer par le jus d'ananas.

suggestion de présentation

Demi tranche de pomme, 2 feuilles vertes, cerise au sucre, palmier fantaisie.

solero

composition

2 cl Sirop de banane verte
1 Trait de sirop bleu
8 cl Nectar de mangue
8 cl Jus d'ananas

préparation

Mélange 1: 1 trait de sirop bleu avec
8 cl de jus d'ananas.

réalisation

Verser le sirop de banane verte dans le verre. A l'aide du Cocktailmaster verser le nectar de mangue et terminer par le mélange 1.

suggestion de présentation

Tranche de citron, cerise au sucre, palmier fantaisie.

basti

composition

1 cl Sirop de grenadine
5 cl Jus d'ananas
4 cl Nectar de mangue
6 cl Nectar de banane

préparation

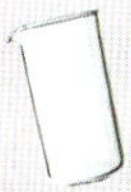

Mélange 1: 1 cl de sirop de grenadine avec
4 cl de jus d'ananas.

réalisation

Verser le mélange 1 dans le verre.
A l'aide du Cocktailmaster verser le nectar de mangue et terminer par le nectar de banane.

suggestion de présentation

Tranche de banane, palmier fantaisie.

oneron

composition

2 cl Sirop de cerise
1 Trait de sirop de cerise
1 Trait de sirop bleu
8 cl Nectar de banane

préparation

Mélange 1 : 1 trait de sirop de cerise avec
4 cl de nectar de banane.

Mélange 2 : 1 trait de sirop bleu avec
4 cl de nectar de banane.

réalisation

Verser le sirop de cerise dans le verre.
A l'aide du Cocktailmaster verser le mélange 1
et terminer par le mélange 2.

suggestion de présentation

Cerise au sucre, palmier fantaisie.

junior

composition

2 cl Sirop bleu
7 cl Jus d'orange
1 cl Sirop de sucre de canne
8 cl Jus de raisin

préparation

Mélange 1 : 1 cl de sirop de sucre de canne avec
7cl jus d'orange.

réalisation

Verser le sirop bleu dans le verre.
A l'aide du Cocktailmaster verser le mélange 1
et terminer par le jus de raisin.

suggestion de présentation

Sans décoration.

Iolek

composition

2 cl Sirop d'ananas
1 Trait de sirop bleu
5 cl Jus de citron vert
5 cl Nectar de goyave

préparation

Mélange 1 : 1 trait de sirop bleu avec
5 cl jus de citron vert.

réalisation

Verser le sirop d'ananas dans le verre.
A l'aide du Cocktailmaster verser le mélange 1 et terminer par le nectar de goyave.

suggestion de présentation

Tranche de carambole, cerise au sucre, ombrelle fantaisie.

emma

composition

1 cl Sirop de fraise
4 cl Nectar de banane
4 cl Jus de fraise

réalisation

Verser le sirop de fraise dans le verre.
A l'aide du Cocktailmaster verser le nectar de banane et terminer par le jus de fraise.

suggestion de présentation

Sans décoration.

sweetdream

composition

2 cl	Sirop de mandarine
1	Trait de sirop bleu
16 cl	Jus de citron vert

préparation

Mélange 1 : 1 trait de sirop bleu avec
8 cl de jus de citron vert.

réalisation

Verser le sirop de mandarine dans le verre.
A l'aide du Cocktailmaster verser le mélange 1 et terminer par 8 cl de jus de citron vert.

suggestion de présentation

Chapeau de citron, cerise au sucre, palmier fantaisie.

yaana

composition

2 cl Sirop de groseille
8 cl Nectar de kiwi
6 cl Lait

réalisation

Verser le sirop de groseille dans le verre.
A l'aide du Cocktailmaster verser le nectar de kiwi et terminer par le lait.

suggestion de présentation

Grappe de groseille.

hiloca

composition

2 cl	Sirop de bubble gum
2 cl	Sirop de mûre
1	Trait de sirop bleu
15 cl	Lait

préparation

Mélange 1 : 2 cl sirop de mûre avec 7,5 cl de lait

Mélange 2 : 1 trait sirop bleu avec 7,5 cl de lait

réalisation

Verser le sirop de bubble gum dans le verre.
A l'aide du Cocktailmaster verser le mélange 1 et terminer par le mélange 2.

suggestion de présentation

Sans décoration.

volcano

composition

2 cl Sirop de melon
1 Trait de sirop bleu
1 Trait de sirop de grenadine
4 cl Jus de citron vert
6 cl Limonade

préparation

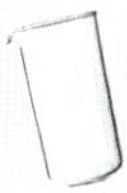

Mélange 1 : 1 trait de sirop bleu avec
4 cl de jus de citron vert.

Mélange 2 : 1 trait de sirop de grenadine avec
6 cl de limonade.

réalisation

Verser le sirop de melon dans le verre.
A l'aide du Cocktailmaster verser le mélange 1
et terminer par le mélange 2.

suggestion de présentation

Verre design, glace pilée, sirop de couleur.

chloé

composition

2 cl Sirop de bubble gum
1 Trait de sirop bleu
2 cl Jus d'orange
8 cl Limonade

préparation

Mélange 1 : 1 trait de sirop bleu, 2 cl de jus d'orange et 8 cl de limonade.

réalisation

Verser le sirop de bubble gum dans le verre.
A l'aide du Cocktailmaster verser le mélange 1.

suggestion de présentation

Quartier de melon, feuille de menthe, cotillon fantaisie.

greenfree

composition

2 cl Sirop de menthe
1 Trait de sirop bleu
2 cl Jus de citron vert
12 cl Limonade

préparation

Mélange 1 : 1 trait de sirop bleu avec
12 cl de limonade

réalisation

Mettre des glaçons dans le verre.
Verser le sirop de menthe.
A l'aide du Cocktailmaster verser le jus de citron vert et terminer par le mélange 1.

suggestion de présentation

Demi tranche de citron.

dino

composition

2 cl Sirop de menthe
1 cl Jus de citron vert
4 cl Jus de cranberry
5 cl Limonade

réalisation

Verser le sirop de menthe dans le verre.
A l'aide du Cocktailmaster verser le jus de citron vert, le jus de cranberry et terminer avec la limonade.

suggestion de présentation

Tranche de citron, 2 feuilles vertes, cerise au sucre, palmier fantaisie.

kalao

composition

2 cl Sirop de grenadine
8 cl Jus de kiwi
6 cl Coca cola

réalisation

Verser le sirop de grenadine dans le verre.
A l'aide du Cocktailmaster verser le jus de kiwi et terminer par le coca cola.

suggestion de présentation

Quartier de citron, feuille de menthe, cerise au sucre, ombrelle fantaisie.

bolek

composition

2 cl Sirop d'orange
2 cl Jus de citron vert
8 cl Coca cola

réalisation

Verser le sirop d'orange dans le verre.
A l'aide du Cocktailmaster verser le jus de citron vert et terminer par le coca cola.

suggestion de présentation

Quartier de citron, 1 cerise au sucre, clown fantaisie.

fiveo'clock

composition

2 cl Sirop de grenadine
2 cl Jus de citron vert
8 cl Thé froid Darjeeling

réalisation

Verser le sirop de grenadine dans le verre.
A l'aide du Cocktailmaster verser le jus de citron vert et terminer par le thé froid.

suggestion de présentation

Tranche de citron, grappe de groseille.

natura

composition

6 cl Jus de fraise
6 cl Jus de carotte
6 cl Jus de tomate *dilué avec un peu d'eau*

réalisation

Verser le jus de fraise dans le verre.
A l'aide du Cocktailmaster verser le jus de carotte et terminer par le jus de tomate.

suggestion de présentation

Brochette de rondelles de carottes, feuilles de basilic.

wallo

composition

2 cl Sirop de caramel
6 cl Café chaud
4 cl Crème liquide

préparation

Fouettez 4 cl de crème fraîche liquide dans un récipient.

réalisation

Verser le sirop de caramel dans le verre.
A l'aide du Cocktailmaster verser le café chaud et terminer par la crème fouettée.

suggestion de présentation

Poudre de café, verre à thé ou grog.

lescocktails

deAàZ

lexique

ABF : association des Barmans de France.

Apricot brandy : liqueur élaborée à partir d'abricot et noyaux infusés dans de l'alcool neutre ou de l'eau-de-vie de vin

Cherry brandy : liqueur élaborée à partir de cerises macérées dans de l'eau-de-vie

Cl : abréviation de centilitre, unité de mesure en dehors du système international

Curaçao : liqueur élaborée à partir d'orange souvent coloré comme le bleu, l'orange, l'ambré, le vert , le rouge

Fouetter : battre légèrement un liquide avec un fouet de cuisine ou électrique

Fruit de la passion : fruit du grenadille connu sous le nom de fruit de la passion ou maracuja

Givrer : créer une collerette de givre à base de sucre ou de sel sur le rebord du verre avec un sirop au choix.

IBA : International Bartender Association

Maracuja : Fruit du grenadille connu sous le nom de maracuja ou fruit de la passion.

Oz : abréviation de once ou ounce, mesure du système anglais et américain 3cl = 1oz

Triple sec : liqueur élaborée à partir d'écorces d'orange.

Trait : mesure employée dans l'élaboration des cocktails, moins de 1 cl ou quelques gouttes

guide des produits

Tous les cocktails présents dans cet ouvrage ont été crées avec les produits suivants :

Sirops : MONIN
site internet : www.moninshopping.com

Jus et Nectars : CARAÏBOS
site internet : www.caraibos.com

Liqueurs : CARTRON
site internet : www.cartron.fr

Cocktailmaster

Pricipes de Cocktailmaster

Le Cocktailmaster, conçu pour créer des cocktails à étages, se base sur le principe de la diffèrence de densité des liquides.

Plus un liquide est sucré plus il est lourd.

Plus un liquide est alcoolisé plus il est lèger.

Pour modifier les densités il suffit de sucrer pour alourdir ou de mouiller pour allèger (ou d'alcooliser).

Pour un bon fonctionnement du Cocktailmaster, mouillez le flotteur avant utilisation. Versez le premier liquide dans le verre : vous pouvez éventuellement y ajouter un glaçon.

Posez le Cocktailmaster sur le verre, de façon à ce que la boule flotte librement sur le premier liquide.

Versez les diffèrents liquides, l'un après l'autre dans le Cocktailmaster en tenant compte de leur densité et en observant bien que chaque luiquide soit écoulé avant d'en verser un autre.

Attention : veillez à ce que le flotteur soit propre et exempt de graisses.